Das von Millionenräuber Adam (David Hess) schikaniertes Ehepaar Walter (immerhin: Franco Nero) und Eve (Busensternchen Corinne Clery) kann sich des Gangsters schließlich entledigen, was jedoch auch für die dabei verwundete Ehefrau das Todesurteil bedeutet: Ihr haltloser Mann bringt sie kaltblütig um. Ein allein auf Sex und Gewalt ausgerichtetes schäbiges Spekulationsprodukt.

Im Jahr 1977 war das italienische Genre-Kino noch in voller Blüte. Filme wurden wie am Fließband produziert und jedes beliebte Filmsujet bekam ein günstig produzierten Beitrag von unseren südeuropäischen Freunden. „Autostop rosso sangue", der in Deutschland den famosen Titel „Wenn du krepierst, lebe ich!" spendiert bekam, passte zu dieser Zeit in kein gängiges Konzept der italienischen Filmfabrik. Weder Giallo, noch Polizei-Film und auch kein Horror-Streifen mit phantastischen Elementen bekam man hier. Stattdessen präsentierte Regisseur Pasquale Festa Campanile ein gut durchdachtes Charakter/Beziehungsdrama im Gewand eines fiesen, kleinen Exploitationfilms, der wahrlich mehr ist, als das was uns, gerade, der deutsche Titel suggeriert.

Die Handlung ist relativ simpel aber wirkungsvoll. Ein mit Beziehungsproblemen und gegenseitiger Feindseligkeit belastetes Ehe-Paar, wird auf einer Autofahrt in den einsamen Landschaften Nevadas, eigentlich Mittelitalien, zu Geiseln eines sadistischen Bankräubers mit dem sie ihre Fahrt fortsetzten müssen. Der Film hat Anklänge am Rutger Hauer-Klassiker „The Hitcher", obwohl der erst 10 Jahre später erschien. Regisseur Campanile kreiert hier eine äußerst bedrückende Athmosphäre und lässt eine Figuren auf eine brutale und beklemmende Odysee los. Was im Gewand eines harten Euro-Crime-Films daherkommt, entwickelt sich zu einem psychologisch gut konstruiertem Charakterdrama.

Vergessen war gestern, wir sprechen darüber!

Wir wohnen dem zerstrittenen Paar bei, die schon lange keine gute Ehe mehr führen, sich gegenseitig nur noch anwiedern, sogar den jeweils anderen vor Fremden absichtlich denunzieren, wie ihre Beziehung auf die ultimative Zerreißprobe gestellt wird. Denn „The Last House on the left"-Schurke David Hess gibt auch hier wieder den Paradebösewicht. Mit seiner Präsenz und seinem psychopathischen Spiel, sowie seiner skrupellosen Brutalität treibt er unseren beiden Hauptfiguren die Schweißperlen auf die Stirn. Corinne Cléry spielt zwischen innerlicher Zerissenheit und Abscheu gegenüber ihrem Ehemann äußerst stark und authentisch. Auch Ur-„Django" Franco Nero liefert eine eindringliche Performance ab und zeigt mit vielen Facetten, dass er ein sehr starker Akteur ist. Das Drehbuch stimmt derweil ebenso gut und bietet starke Dialoge und ein paar recht deftige Szenen. Die Szene in der Nero der Vergewaltigung seiner Frau beiwohnen muss und die es auch noch zu genießen scheint ist sehr eindringlich. Auch das Ende ist ein ziemliches Brett und zeigt noch einmal mehr von der Psyche unserer Hauptfiguren, verändert ihre Persönlichkeit und schlägt einen Bogen zum Beginn des Films. Zudem gibt es noch ein Heinrich Böll Zitat was den Film sehr gut abrundet und ihm noch eine gewisse Note verleiht. Hervorgehoben sei noch der sehr stimmungsvolle und gewohnt glänzent komponierte Soundtrack von Maestro Ennio Morricone, der es wieder schafft einen Film auf den Punkt musikalisch zu vertonen.

„Wenn du krepierst, lebe ich!" oder auch „Hitch-Hike" getauft ist ein feines, durchdachtes und äußerst stimmungsvolles Charakterdrama gemixt mit deftigem Exploitationcharakter und einer guten Thrillernote. Ein sehr außergewöhlicher Film, der aus der Masse an Genre-Produktionen deutlich heraussticht und den man sich unbedingt mal ansehen muss. Schon wieder zu Ambitioniert für „Grindhouse" aber irgendwie passt er doch hier rein.

Seit kurzem ist der Film auf einer wunderschön remasterten Blu-Ray von „OFDb Filmworks" ungekürzt ab 16 Jahren erhältlich. Tolles Bild und starker Ton bieten ein schönes Filmerlebnis. Zudem sei der Audiokommentar von Dr. Marcus Stiglegger erwähnt der sehr unterhaltsam und informativ ist.

Vergessen war gestern, wir sprechen darüber!

VIDEO FREAKS

VORWORT

Seite 2	Wenn Du krepierst - lebe ich
Seite 5	The Toolbox Murder
Seite 8	Drive-In Massacre
Seite 11	Larry Drake Portrait
Seite 12	Stone
Seite 14	Bruce Payne Portrait
Seite 15	Trapped
Seite 18	RETRO-FACTS
Seite 20	Ich, ein Groupie
Seite 23	White Ghost
Seite 25	Psycho Cop 2
Seite 28	She Wolf of the SS
Seite 31	Sonny Landham Portrait
Seite 32	Woman in Cages
Seite 36	Barbarella
Seite 39	Michelle Bauer Portrait
Seite 40	Poltergeist
Seite 44	Mad Mission

Hallo Retroisten!

Veränderungen zeigen einem das man bereit ist Neuen Ideen und Wegen zu folgen. So nun auch mit unserem FanZine "VIDEO FREAKS", was zuvor "New RETRO-FILM" hieß.

Wir haben uns nun dazu entschlossen, den Weg über einen Online Verlag zu gehen. Das hat Vorteile aber auch ein paar kleine Nachteile. Der erste Vorteil ist das Ihr ab sofort das Magazin über bekannte Plattformen bestellen könnt. Desweiteren sind wir mit der Verarbeitung der Bestellungen entlastet, sei es Verpacken, versenden und vieles mehr - diese Aufgaben haben wir nun ausgelagert. Desweiteren besteht nun die Möglichkeit das Neue Interessenten auch noch nach Monaten die vorherigen Ausgaben jederzeit bestellen können. Nachteil des neuen Weges ist das Ihr das Magazin lediglich in Graustufen bekommt - doch betrachtet man dies aus einem anderen Blickwinkel, so kommt das RETRO Feeling noch realistischer rüber.

Wir wünschen Euch viel Spaß mit dem "VIDEO FREAKS"

Euer Stefan, Till, Christopher und Holger.

Vergessen war gestern, wir sprechen darüber!

In einem Apartmenthaus in Los Angeles werden mehrere Frauen auf brutale Weise umgebracht. Die Mordwerkzeuge führt der Täter in einem Werkzeugkasten mit sich. Als kurz darauf die 15jährige Laurie verschwindet und die Polizei ratlos ist, macht sich ihr Bruder Joey auf die Suche. Sein Verdacht fällt auf den sonderbaren Hausbesitzer Kingsley. Als er auf Beweiße stößt, wird er jedoch vom Neffen Kingsley ermordet. Lauries Situation erscheint nun völlig auswegslos.

Fast jeder Mann hat einen Werkzeugkoffer daheim, und eine Bohrmaschine sollte auch zur Ausstattung eines Heimwerkes gehören. Doch anstatt nur Löcher in Wänden zu bohren, nutzen andere das Tool für grausame Morde an unschuldigen Opfern. Der Regisseur Dennis Donnelly, der sich eigentlich mehr für´s TV prädestiniert hat, drehte 1978 seinen einzigen Spielfilm in seiner erfolgreichen Karriere. Anstatt sich an TV Serien wie „Drei Engel für Charlie", „Trio mit vier Fäusten" oder „Das A-Team" zu beteiligen, stieß er mal ins Spielfilm Geschäft vor. Heraus kam der Horrorfilm DER BOHRMASCHINENKILLER.

Mit nur einem kleinen Budget und nur wenigen Schauplätzen wurde ein geschickter Horrorfilm über ein Serienmörder inszeniert. Der Zusatz das es sich anscheinend um eine wahre Begebenheit handelt, wird erst im Abspann dem Zuschauer verdeutlicht. Ob an dieser Propaganda was wahres dran ist, sei dahin gestellt, aber vermutlich wurde die Geschichte für den Film etwas aufgeblasen und ausgedehnt.

DER BOHRMASCHINENKILLER heißt im Original „The Toolbox Murder", was soviel bedeutet das er sich an verschiedenen Werkzeugen bedient um seine willkürlich ausgewählte Opfer, zumeist von weiblicher Natur ins Zeitliche zu schicken. Für Deutschland wurde es auf die Bohrmaschine reduziert, doch im Verlauf des Films nutzt er auch andere Werkzeuge die sich in einer gut sortierten Werkzeugkiste befinden sollten. Schon zu Beginn legt der Film ein sattes Tempo vor, und der Zuschauer bekommt recht schnell einen Eindruck davon, was ihm im späteren Ver-

lauf noch so alles erwarten wird. Zumeist werden die Opfer halbnackt oder komplett entblösst überrascht und grausam ermordet. Viel nackte Haut und auch eine Masturbationsszene in der Badewanne mit einer attraktiven jungen Frau fanden den Weg in den Plot.

von Stefan

Vergessen war gestern, wir sprechen darüber!

Doch so schnell der Film DER BOHRMASCHINENKILLER an Tempo und Morden vorlegt, so verliert er es auch wieder ab der Mitte. Viele Dialoge zwischen Familienangehörigen der Opfer und der Ermittler der Polizei bremsen den Film aus. Auch wird leider viel zu schnell der Mörder dem Zuschauer enttarnt präsentiert, was der Spannung keinen Gefallen tut. Somit sind die Ermittlungen der Polizei schon recht langweilig und für den Zuschauer kaum noch Nennenswert, besser wäre es dem Zuschauer so lange wie den Charakteren im Film im völlig Unwissenden Zustand zu lassen. Doch dienen die Dialoge zwischen Killer und entführtem Opfer dazu, die Motive des Täters zu erläutern.

Begleitet wird die Story durch typische Musikalische Stücke aus den 70er Jahren, an manchen Stellen wirkt sie jedoch wie stumpfsinnige und einfach klingende Fahrstuhlmusik und mindert etwas die Qualität des Films. Die Morde sind abwechslungsreich und teils sehr blutig inszeniert worden – für Zuschauer die die härtere Gangart bevorzugen, wird einiges geboten.

Darstellerisch bewegen sich alle Schauspieler auf einem guten Niveau und können in ihren Rollen überzeugen. Besonders sticht Cameron Mitchell als Mörder hervor, was wohl auf seiner Erfahrung mit Filmen zurück zuführen ist.

Für Horrorfans und Fans von Filmen der 70er Jahre ist DER BOHRMASCHINENKILLER sicherlich eine Sichtung wert.

DER BORHMASCHINENKILLER ist hierzulande auf VHS und DVD erschienen, die VHS Versionen sind allesamt geschnitten veröffentlicht worden. Das österreische Label XT Video veröffentlichte den Film ungeschnitten auf DVD und Blu-ray. In Deutschland ist er noch in einer Hartbox von X-Gabu Film erschienen – vermutlich ein Bootleg, da der Film hierzulande indeziert ist.

Vergessen war gestern, wir sprechen darüber!

...YOUR NIGHTMARES ARE ABOUT TO COME TRUE!!

S.A.M. PRODUCTIONS, INC. PRESENTS

DRIVE-IN MASSACRE

WARNING!!!
DRIVE-IN MASSACRE has been deemed by an independent film board to be too terrifying for viewing by the average theatre patron. For this reason, it is suggested that those of you with severe emotional disorders or chronic coronary disfunction NOT see this movie. The risk is entirely yours.

R RESTRICTED

Filmed entirely in bloodcurdling GORE-COLOR

Starring
JAKE BARNES · ADAM LAWRENCE and DOUGLAS GUDBYE as GERMY

Featuring
NEWTON NAUSHAUS · NORMAN SHERLOCK · VALDESTA

Screenplay by JOHN GOFF and BUCK FLOWER   Produced and Directed by STUART SEGALL
Sound NEIL ROZENSKY   Photography KENNETH LLOYD GIBB   Music LONJOHN PRODUCTIONS
Executive Producer MARTIN W. GREENWALD
COPYRIGHT © MCMLXXVI S.A.M. PRODUCTIONS, INC.

Kurz nach Beginn der Vorstellung wird in einem kalifornischen Autokino ein junges Paar auf bestialische Weise ermordet. Die Polizei, die zwar sofort die Ermittlungen aufnimmt, kommt mit ihren Nachforschungen nicht weiter. Als schon am nächsten Tag erneut ein junges Paar dem Killer zum Opfer fällt nimmt die Polizei kurz darauf einen Tatverdächtigen fest. Sie glaubt den Fall nun zu den Akten legen zu können, was sich aber als schrecklicher Irrtum erweist...

Noch vor der berühmten „Halloween" und „Freitag der 13.te" Slasher Filmreihe startete 1976 der B-Movie DRIVE IN KILLER, auch hierzulande unter „Blutbad im Autokino" vertrieben. Als Regisseur dieses Slasher Beitrages fungierte Stu Segall, der weitgehend in seiner Filmkarriere als Regisseur für Hardcore-Filme involviert war. Weitere Nennenswerte und hierzulande bekannte Filmtitel aus seiner Filmographie sind leider nicht vertreten.

Der Spielort des Geschehens und der Story ist weitgehend in einem kleinen Autokino verlegt worden, wo ein geheimnisvoller KIler Liebespaare reihenweise köpft und umbringt. Zudem spielt die meiste Spielzeit der Story Nachts, was dem Geheimnis des Killers zugute kommt.

Auch wenn die Story, der Handlungsort vielversprechend klingen, so sollte man seine Erwartungen dezent runter setzen. Zwar bietet DRIVE IN KILLER all das was man sich bei einem Slasher wünscht, Sex, Gewalt, Gore – doch leider scheiterte die Umsetzung. Das kann unter anderem am minimalen Budget liegen, die Unerfahrenheit im Genre, am Regisseur oder noch einige andere Dinge.

In Bezug auf die Inszenierung der Gewalt, bekommt man so einiges geboten, sei es Köpfungsszenen, Kehle aufschlitzen oder Angriffe mit einem Samurai Schwert, doch die Umsetzung ist recht einfach und sehr primitiv geschehen. Sehr einfach und zu künstlich sind diese Szenen zu sehen. Das es sich um Puppen und Hilfsmittel handelt, erkennt selbst ein Unerfahrener Horror Zuschauer.

von
Stefan

Vergessen war gestern, wir sprechen darüber!

Der Spannungsaufbau verhält sich sehr bedeckt, zwar bekommt man den Killer immer nur Ansatzweise zu sehen, zumeist nur die Waffe und das nächste Opfer, doch Spannung und Atmosphäre wird kaum geboten. Der Handlungsort ist gut gewählt, und bietet genügend Auswahl für den Killer. Dazu sieht man noch Darsteller die kaum bis gar nicht überzeugen und die Neugier des Zuschauers wecken. Untermalt werden viele solcher Szenarien durch eine oft nervige Musik, zwar an einigen Stellen passend platziert worden, aber auch oft zu nervig und zu lang im Einsatz.

Die härteren Szenen sind in den 74 Minuten gut verteilt, und werden von Dialogen begleitet, die einen manchmal etwas Unbehagen bereiten. Nicht weil sie der Spannung und Atmosphäre dienen, sondern einfach nur aus Langeweile. Was mir besonders Gefallen hatte, waren die beiden Cops, die den Killer jagen und ihre Ermittlungen führen. Besonders als sie sich als Liebespaar verkleiden und im Autokino observieren ist recht amüsant.

Doch noch ein Manko beherbergt DRIVE IN KILLER, das abrupte Finale, was durch einen Sprecher und einer Einblendung eines Textes abgeschlossen wird. Offene Fragen bleiben komplett unbeantwortet, und der Killer bleibt weiter im Verborgenen. Vielleicht versuchte man so ein offenes Ende zu setzen um weitere Teile über den DRIVE IN KILLER möglich zu halten.

DRIVE IN KILLER ist ein müder Versuch im Slasher Genre, mit vielen Ecken und Kanten. Doch betrachtet man ihn als Vorreiter vieler Klassiker, so zeigt er schon gut den Weg des Sub-Genres. In Deutschland ist er auf VHS und DVD erschienen, ist aber hierzulande Beschlagnahmt. Für Fans von Slasher Streifen und B-Movie Gucker ist DRIVE IN KILLER eine gute Empfehlung.

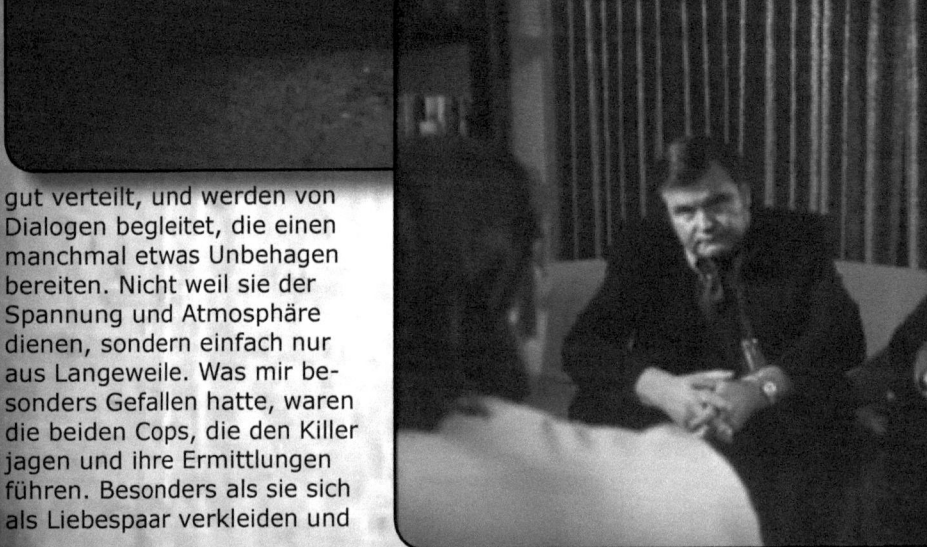

Vergessen war gestern, wir sprechen darüber!

Larry Drake – auch Dr. Giggles genannt

von Till

Larry Drake – Geboren am 21.02.1950 in Tulsa, Oklahoma, USA, gestorben am 17.03. 2016 in Los Angeles, Kalifornien, USA

Larry Richard Drake, wurde als Sohn des Ingenieurs einer Öl-Firma, Raymond John Drake, und der Hausfrau, Lorraine Ruth, geboren. Er ging auf die Tulsa Edison High School und später auf die Universität von Oklahoma. Hier studierte er zunächst Lehramt. Seine Liebe zum Theater fand er dort. Selbst als er schon viel Film und Fernsehen drehte, spielte er immer noch Theater. Drake, der mit seinen 1,91 Meter eine enorme Erscheinung war, liebte nicht nur die Musik von Big Bands, er las auch unheimlich viel.

1971 hatte er seine erste Rolle im Film „This Stuff Kill´ya". Es folgten Auftritte in „Die Nacht der Vogelscheuche" und auch „Karate Kid". Ebenfalls war er im Fernsehen sehr aktiv. So spielte er in TV-Serie mit wie in „Hardcastle & McCormick", „Geschichten aus der Gruft" oder „Hunter". Das Fernsehen brachte ihm dann auch seine berühmteste Rolle. Als geistig beeinträchtigter Benny Stulwicz in der Serie „L.A. Law" spielte er sich in insgesamt 149 Folgen eine wunderbare Rolle, die ihm auch zwei Emmys und drei Golden Globenominierungen einbrachte. Nebenbei spielte er aber auch in guter Genreware wie in „Darkman 1 & 2", „Beast – Der Schrecken aus der Tiefe" oder „Dr.Giggles". Und in „Mr.Bean" (1997) war er auch zu sehen.

Ein unverkennbares Gesicht, welches leider uns bereits im Alter von 66 Jahren verließ aufgrund von Blutkrebs. Möge Benny in Frieden ruhen.

Vergessen war gestern, wir sprechen darüber!

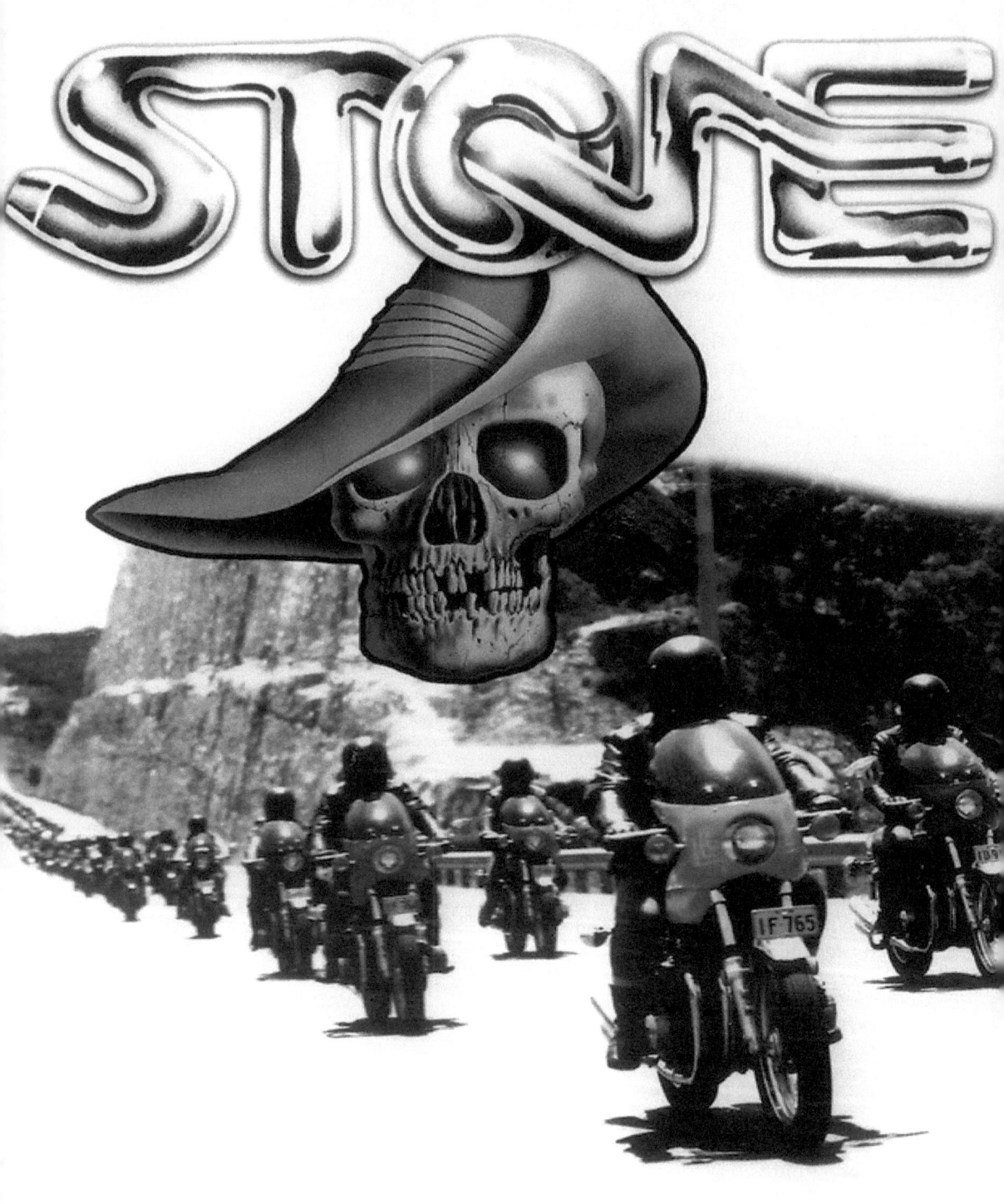

Die Grave Diggers, eine australische Motorradgang, angeführt vom Vietnamveteranen Undertaker (Sandy Harbutt) wird Opfer eines Mordkomplotts. Ein Killer tötet rücksichtslos immer wieder Mitglieder der Gang.
Nicht bereit mit der Polizei zusammenzuarbeiten, wird Stone (Ken Shorter), ein Undercovercop, bei den Grave Diggers eingeschleust.

Bei den unzähligen Biker Streifen ist es schwer eine Filmperle ausfindig zu machen, zumeist laufen sie alle nach dem selben Schema ab und beherbergen nur wenig neues und innovatives. Doch was wäre wenn es sich um einen Film handelt, der ganz weit weg auf einem anderen Kontinent einen Kultstatus mit sich trägt? STONE lautet der Titel dieses Films, den man auch hierzulande im Kino erleben konnte, zwar erst 7 Jahre nach Produktionsende aber immerhin.

Der Ruf und Drang zur Freiheit auf den Straßen des Landes war in den 70er Jahren beim Publikum sehr beliebt und erfreute sich großer Beliebtheit. Regisseur Sandy Harbutt inszenierte 1974 STONE und ließ es sich nicht nehmen auch eine Rolle im Film zu besetzen. Zum Leben und weitere Filme von Harbutt kann man nicht viel preisgeben, STONE war sein zweiter und auch sein letzter Film.

STONE ist ruppig, grob und dreckig. Doch was macht ihn zum Kultfilm in Australien? Gründe könnten sein, das es kaum Filme aus diesem Bereich aus dem Land der Kängurus gibt. Aber auch die ungradlineige Inszenierung und nicht Verherrlichung der Story könnten Gründe dafür sein. Schon zu Beginn wird der Zuschauer mit Szenen konfrontiert, die einen schon Nerven können. Es handelt sich um eine Szene wo ein Rockermitglied sich im Drogenrausch befindet und der Zuschauer mit wirren farblichen Bildern und nervigen Sounds konfrontiert wird. Verständlich ist das man schlecht einen Drogenrausch in bewegten Bildern darstellen kann, und somit kann diese Szene durchaus einen nachvollziehbaren Eindruck vermitteln.

Inhaltlich betrachtet bietet STONE eine durchaus interessante Story. Ein Attentäter legt einen Lokalpolitiker um, und ein Biker beobachtet ihn dabei. Der Attentäter kann nur die Kutte erkennen, und macht sich somit auf die Suche nach der Bikertruppe und dezimiert nach und nach die selbige. Die hiesige Polizei schleust einen Polizisten in die Rockerbande ein um somit den Attentäter für den Mord am Politiker und an den Bikern zur Rechenschaft zu ziehen. Die Inszenierung und das Tempo wirkt etwas unkoordiniert und ist teilweise nur schwer zu verfolgen. Doch die schauspielerischen Leistungen aller Darsteller kann dieses Manko wieder gekonnt ausbügeln. Dazu bekommt man noch einen typischen Sound der 70er Jahre an Rock und Pop Musik geboten. Vor allem wird der Biker-Fan mit tollen Aufnahmen auf den Highways mit Motorrad Konvoys und Landschaftsaufnahmen verwöhnt. Hintergrund der Story ist die Ablegung der Verachtung und Diskriminierung der Polizei gegenüber von Bikern.

Was einen Fan von Bikerfilmen schnell auffällt, ist das alle Biker nicht mit den typischen Ami Bikes cruisen, sondern allesamt auf Japanische Maschinen Platz nehmen, Mitte und Ende der 70er Jahre waren Japanische Motorradhersteller sehr gefragt. Doch noch etwas bleibt einem im Gedächtnis und fällt einen sofort ins Auge. Man sieht eine selbstgebaute Maschine, die eine Mischung aus Motorrad und Auto darstellt, auf der ein Sarg mit einem toten Bikermitglied darin im Konvoy zu sehen ist. STONE gibt es auf VHS, auf DVD nur in einer Bikerbox, wo mehrere Filme darin enthalten sind, und seit kurzem von SCHROEDER MEDIA auf Blu-ray. Die Blu-ray ist mit einem Wendecover ausgestattet und beinhaltet auch einen Bonusfilm mit dem Titel „Des Teufels tolle Hunde".

von Stefan

Vergessen war gestern, wir sprechen darüber!

Bruce Payne – Leider unterbewertet

von Till

Bruce Payne – Geboren am 22.11.1958 in Woking, Surrey, England, UK

Bruce Martyn Payne wuchs im Stadtteil Kilburn in London auf. Als Kind hatte er gesundheitliche Probleme, die er aber überwunden hat. Nach seiner Schule, nahm er von 1979 – 1981 Unterricht an der Royal Academy of Dramatic Art (RADA) die er mit Auszeichnung absolvierte. Neben dem Film spielt er auch weiterhin Theater und gewann bislang 6 Mal eine Auszeichnung der RADA. Payne Biografie ist eine ganz Stringende. Schule, Ausbildung, Theater und Film/ Fernsehen. Dennoch ist sein Gesicht unverkennbar. Manchmal wird er mit den Schauspieler Julian Sands („Warlock") verwechselt. Die beiden spielten dann auch mal zusammen in zwei Filmen und Payne übernahm die Rolle von Sand des „Warlock" 1999 in der Fortsetzung „Warlock – Das Geisterschloss". Am bekanntesten sind seine Rollen neben David Bowie im '86er Film „Absolute Beginners" und die des Gegenspielers von Wesley Snipes in „Passagier 57". Aber auch in „The Keep" und „Switch – Die Frau im Manne" sah man ihn. Zudem in einer Episode von „Geschichten aus der Gruft".

Payne ist ein sehr unterbewerteter Schauspieler, der unbedingt eine größere Rolle bekommen muss. Denn besonders als Bösewicht eignet er sich wunderbar.

Vergessen war gestern, wir sprechen darüber!

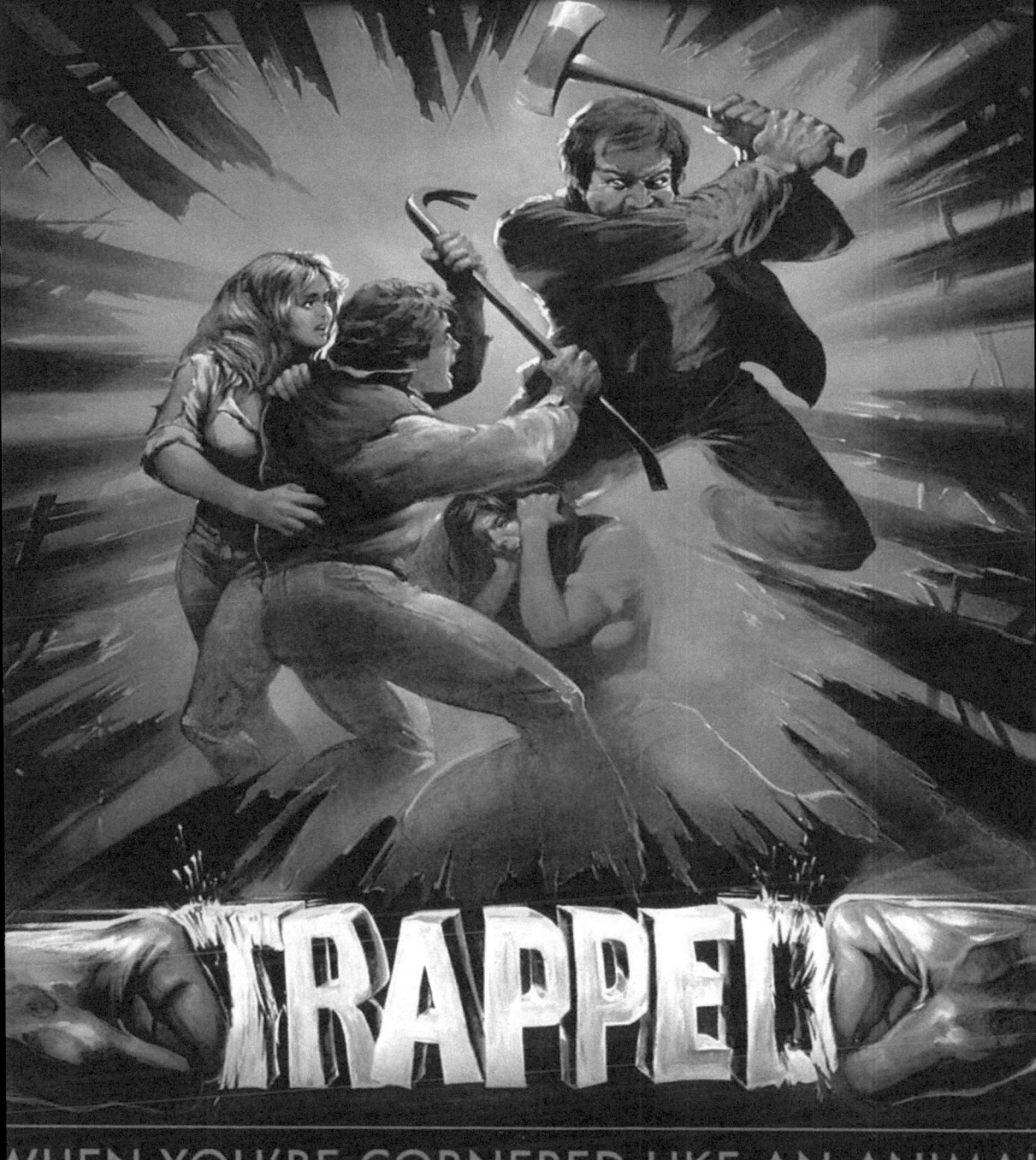

Henry Chatwill ist ein ungekrönter Tyrann, in einem Dorf, wo eine Handvoll verarmter Bergleute ihr Leben fristen. Er ist das Gesetz und er ist die Macht. Als Chatwill seine Frau mit einem anderen Mann im Bett erwischt, diesen bestialisch foltert und umbringt, wagt keiner die Hand gegen ihn zu erheben. Doch was Chatwill nicht weiß: Vier Studenten, die in der Nähe zelten, werden Zeugen von seiner Greueltat. Für die jungen Leute wird das Wochenende zum Horrortrip, denn als sie den Sheriff rufen wollen, müssen sie mit Entsetzen feststellen, daß alle mit Chatwill unter einer Decke stecken. Für die Vier Teenis beginnt ein Kampf ums nackte überleben...

Das lange Warten lohnt sich oft, so auch mit dem Backwood Thriller TRAPPED aus dem Jahr 1982. Lange Zeit gab es diesen spannenden und fesselnden Thriller nur auf VHS in Deutschland. Nun im September 2016 erscheint er limitiert auf 1000 Stück auf DVD und Blu-ray von SCHRÖDER MEDIA.

TRAPPED lautet auch der Originaltitel des Films, in Deutschland bekam er noch den Zusatz DIE TÖDLICHE FALLE spendiert. Verantwortlich als Regisseur war William Fruet, der uns auch schon Filmperlen wie DER MANN DER AUS DEM DSCHUNGEL KAM und SCHREIE DER NACHT spendierte. Fruet widmete sich auch in seiner weiteren Laufbahn als Regisseur zahlreicher TV Serien, sei es POLTERGEIST – DIE SERIE, ULTRA-MAN – MEIN GEHEIMES ICH oder auch GÄNSEHAUT – DIE STUNDE DER GEISTER. Somit kann er auf eine abwechslungsreiche Karriere zurückblicken.

TRAPPED ist ein Backwoodstreifen, der anstatt sich im Horror Genre einzunisten, sich dem Thriller Genre verschworen hat. Somit wird zwar weitgehend auf sichtbare Gewalt verzichtet, aber der Action Anteil wurde dafür deutlich angehoben.

Für den Film legte Henry Silva seinen Anzug ab, rasierte sich eine Woche nicht und schlüpfte in typischen Holzfäller Klamotten, Mütze und Kariertes Hemd sind Grundausstattung. Silva mimte schon öfters den widerwärtigen Part in diversen Filmen, und somit fiel ihm sicherlich die Rolle in TRAPPED nicht schwer.

von Stefan

Vergessen war gestern, wir sprechen darüber!

Der Film stützt sich auf allerlei Klischees ab, doch dies mindert und beeinträchtigt den Unterhaltungswert keineswegs. Eine kleine Gruppe junger Menschen möchte einen Ausflug in die Wälder Kanadas unternehmen und trifft auf sogenannte „Hinterwäldler", die ihre eigenen Gesetze haben und nach ihnen Leben. Die Gruppe platzt in Ausübung der eigenen Gerechtigkeit in ein Szenario rein und wird mit hinein gezogen. Eine Flucht vor den Hinterwäldlern scheint ausweglos zu sein. Ein tödliches Katz und Mausspiel beginnt.

TRAPPED ist ein solider Thriller, der sich langsam aufbaut, der Spannungsaufbau und die Actionsequenzen runden das Gesamtbild gut ab, und können sehr überzeugen. Auch eine kleine Verfolgungsjagd im Wald per Autos ist in den Plot gut integriert worden. Und bietet eine gelungene Abwechslung. Dazu Fernsehantennen-Action und eine nerven zerrenden finalen Gegenüberstellung setzen dem Häubchen noch eine Krone auf.

Henry Silva trägt die Last des Films glänzend auf den Schultern und zeigt hier eindrucksvoll sein Talent als Fiesling im Film, aber auch die übrigen Darsteller lassen sich nicht die Butter vom Brot nehmen und können in ihren Rollen überzeugen und punkten. Das Setting mit einem kleinen vergessenen Dorf inmitten der tiefen, weiten Wälder Kanadas trägt gut zur Atmosphäre des Films bei, und unterstützt das Gefühl der Ausweglosigkeit mancher Charaktere deutlich.

Vergessen war gestern, wir sprechen darüber!

RETRO-FACT

Schlappschuss

Paul Newman beteuerte mehrmals, dies sei der beste Film, in dem er je mitgespielt habe. Und das dies bis zu seinem Tod auch so bleiben werde.

Apropos Newman: Der Schauspieler war sozial und politisch höchst engagiert. Er war in den 1960er Jahren aktiver Teilnehmer von Bürgerrechtsbewegungen. Er unterstützte Abrüstungskampagnen während des „Kalten Krieges" und nutzte seine Popularität, um Spendengelder zu sammeln. Auf Präsident Nixons berüchtigter „Feindesliste" stand er auf Rang 19.

Der von ihm 1982 gegründete Lebensmittelkonzern „Newman's Own" gibt seine Gewinne nach steuerlichem Abzug bis heute zu 100% an karitative Zwecke.

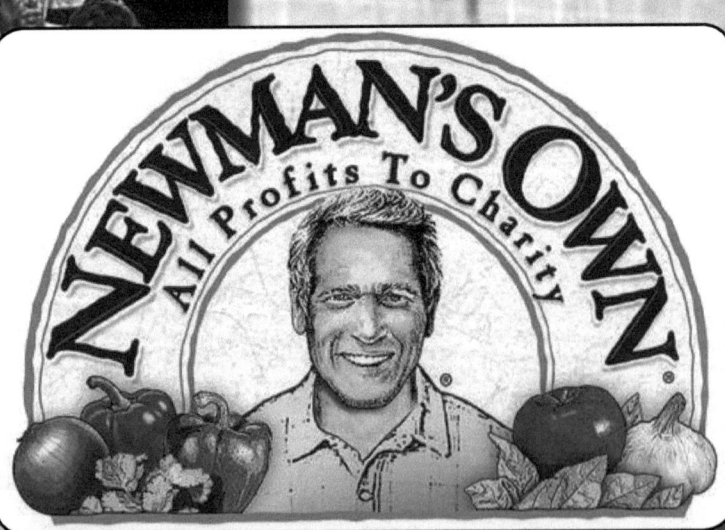

Vergessen war gestern, wir sprechen darüber!

von Holger

Rocky Horror Picture Show

Patricia Quinn (Magenta) nahm die Rolle angeblich nur an, weil ihr der erste Song „Science Fiction – Double Feature" so gut gefiel. Sie hätte ihn gerne gesungen, wie sie beteuerte. Diesen Part übernahm jedoch Maestro Richard O'Brien selbst. Die „singenden Lippen" jedoch gehören zumindest zu ihr.

Grüße - Greetings

Der eher unbekannte Film von Brian de Palma war nicht nur Robert de Niros erste Hauptrolle, sondern auch der erste Film, der (abgesehen von Filmen mit pornografischem Inhalt) in den USA ein X-Rating von der MPAA bekam.

Vergessen war gestern, wir sprechen darüber!

ELITE DVD COLLECTION

Ingrid Steeger

Ich - Ein
GROUPIE

HIGHER AND HIGHER - ME A GROUPIE
JE SUIS UNE GROUPIE   SESSO A DOMICILIO

INGRID STEEGER COLLECTION

Groupie Vicky lernt in London den Sänger Stuart kennen, der aber schon kurz darauf für eine Tournee nach Holland abreist. Mit ihrer Freundin Vivian heftet sich Vicky an seine Fersen, über Zürich und München nach Berlin, wobei sie immer wieder in Musikerkneipen und noch häufiger in fremden Betten mehr oder weniger toller Künstler landen.

Achja die frühen 70er! Lange Haare, Beat-Musik und grenzenlose Freizügigkeit. Ein neues Lebensgefühl, bedingt durch die 68er Bewegung war en Vogue. Das da diverse Filmproduzenten des abseitigen Kinos nicht lange zögerten lag auf der Hand. So kam 1970 „Ich – Ein Groupie" auf die hiesigen Leinwände schmuddeliger Bahnhofskinos. Eine Liebeserklärung an die Hippie-Kultur und den Rock'N'Roll Lifestyle aber auch eine kritische Auseinandersetzung mit den Themen Sex und Drogen. Wär jetzt an ein Arthouseprodukt denkt ist schief gewickelt, wenn man bedenkt wer da hinter steckt.

Niemand geringeres als der Schweizer-Schmuddel-Sexploitation-Entrepreneur Erwin C. Dietrich legte hier neben seiner Produzententätigkeit selbst Hand an…naja die Kamera und präsentiert uns ein auf Sex ausgelegtes, schmieriges Jugendportrait.

Die damals 22 jährige und spätere „Klimbim"-Ikone Ingrid Steeger spielt hier zum ersten Mal in ihrer Karriere die Hauptrolle und manifestierte hier ihren Status als Sexfilm-Star. Der Streifen geizt nicht mit Softcore-Szenen und peinlichen Dialogen. Wo eigentlich Kritik geübt werden soll, nutzt Onkel Erwin jeden zentimeter Zelluloid um uns nackte Haut zu präsentieren. Abgerundet wird dies durch eine glanzvolle Schmuddeloptik, in denen gefixt, gekifft und benebelt durch die Gegend getanzt wird. Mehr gibt es nicht, denn man merkt dem Film seinen sprunghaften und löchrigen Charakter an. Man bemerkt förmlich die Füllszenen, wie ausladende Motorradfahrten und elenlange Einstellungen musizierender Bands.

von Christopher

Vergessen war gestern, wir sprechen darüber!

Apropos Band. Die Musik in diesem Film ist lediglich ohrenbeteubendes Geschrammel auf Garagen-Rock Niveau. Ständig hämmert uns das Gekloppe in die Ohren und wir wünschen uns wieder die Steeger nackt zu sehen, die auch hier schon beweist das Schauspiel nicht ihr bestes Talent ist. Lediglich das Ende ist skuril, psychedelisch und überraschend und zudem das beste am Film. Die gefühlte Unvollständigkeit rührt warscheinlich daher, dass dem Cutter wahrscheinlich zu oft die Kippe oder der Joint aufs Band gefallen ist. Tja passiert halt. Dietrich, der besonders durch seine fruchtbare Zusammenarbeit mit Euro-Trash-Papst Jess Franco bekannt ist und der so wunderbare Meilensteine wie „Frauengefängnis", „Frauen für Zellenblock 9", „Jack The Ripper oder „Weiße Haut auf schwarzen Schenkeln" entsprießten, drehte den Film in Co-Produktion mit Roger Corman. Der stellte auch einen Regisseur: Jack Hill („Coffy", „Foxy Brown", „The Big Doll House"). Doch Mr. Hill erwies sich als zu langsamer Arbeiter am Set und Onkel Erwin wurde sauer, schickte den Import-Director wieder in die USA und übernahm den Job einfach selber.

Somit bleibt holpriger, mittelmäßiger Film, der mit der Präsentation eines frivollen Zeitgeists und bösem Ende lediglich versucht seinen schmuddeligen Sexploitation-Charakter zu kaschieren, mehr schlecht als Recht. Durchschnittliches Bahnhofskinofutter aus der Dietrich-Schmiede.

Der Film ist ungekürzt ab 16 Jahren auf DVD und Blu-Ray erhältlich.
Wer Lust hat findet ihn übrigens in der Tele 5 Mediathek. Denn dieses Stück Exploitation-Kultur war am 16.September 2016 Gegenstand von „Die schlechtesten Filme aller Zeiten" und ist noch bis einschließlich 23.September 2016 verfügbar. Hier kann man den Film ebenfalls Uncut mit den wundervollen Kommentaren von Oliver Kalkofe und Peter Rütten genießen. Also mixt euch noch die „Bumskino Billigballerbrühe" und ab dafür!

Vergessen war gestern, wir sprechen darüber!

Steve Shepard's (William Katt) Einheit ist vor 20 Jahren brutal massakriert worden. Hasserfüllt und verbittert taucht er in der grünen Hölle unter. Als „White Ghost" – weißer Geist – von den Eingeborenen gefürchtet und von den Vietkong gejagt. Thi Hau, seine bildhübsche, vietnamesische Geliebte, ist seine einzige Gefährtin. Er weiß, dass die Zeit gekommen ist, in die Zivilisation zurückzukehren, als sie ein Kind erwaret. Er funkt um Hilfe. Bald darauf ist der Himmel übersät von weißen Fallschirmen. Eine Elite-Einheit ist gekommen, ihn zu retten. Ihr Anführer: Walker, ein knallharter Ledernacken, den ein dunkles Geheimnis umgibt. Was daheim in Washington keiner weiß – Walker will abrechnen! Seine Parole: Finde Shepard – und töte ihn!

In Bezug auf den Vietnam-Krieg gibt es vor allem im Action Genre zahlreiche Filme zu entdecken. Im B-Movie Sektor wurden solche simplen Actioner abgedreht, so wie woanders Produkte am Fliessband hergestellt werden. Zumeist ähneln sie sich sehr in der Aufmachung und Darstellung, und oft sind sie eher schlecht als Recht. Doch es gibt auch ein paar Perlen im B-Movie Sektor, die zwar an Größen wie „Full Metal Jacket" und „Apokalypse Now!" bei weitem nicht heran kommen, aber durchaus einen hohen und guten Unterhaltungswert besitzen. So auch mit WHITE GHOST von 1988 von Regisseur BJ Davis, der uns auch „Laser Mission" und „Auf der Flucht vor den Rebellen des Todes" bescherte. Zudem wirkte er auch bei der TV Serie „Renegade – Gnadenlose Jagd" an einigen Episoden mit.

WHITE GHOST wird ein Soldat von den Vietnamesen genannt, der seit 15 Jahren bereits nach dem Krieg im Dschungel verblieben ist. Durch einen Hilferuf von ihm an das amerikanische Pentagon, wird eine Truppe von Elite-Soldaten in den Busch geschickt um den WHITE GHOST und seine Frau dort zu befreien. Doch nicht nur die Soldaten sind hinter dem Geist hinterher.

Schaut man sich die Story genauer an, so erkennt man recht schnell das simple und oft verwendete Schema solcher B-Movies im Kriegs-Genre. Die Story beherbergt auch einige Logiklücken und kann damit eher weniger Punkten beim Zuschauer. Doch durch ein ansprechendes Setting des Films, der in Zimbabwe gedreht wurde, wirkt er kaum wie ein B-Movie mit kleinem Budget. Der Dschungel sieht realistisch aus, und lässt nicht sofort einfach nur einen simplen Wald erkennen. Zudem wird der Actionfreund mit ordentlicher solcher belohnt und versorgt. Hier fliegen die Soldaten durch die Gegend, wilde Schusswechsel, eine Menge großer Explosionen und vieles mehr wirken gut choreographiert.

In der Rolle des WHITE GHOST tritt Schauspieler William Katt in Erscheinung, der blonde Darsteller konnte schon in diversen Filmen und Serien sein Können unter Beweis stellen. In weiteren Rollen sind Reb Brown, Rosalind Chao und Graham Clark zu sehen.

WHITE GHOST ist eine kleine Perle unter den Massen der B-Movie Actioner Streifen und fristet hierzulande eine Veröffentlichung nur auf VHS vom Label „Lightning" und noch dazu in einer gekürzten Fassung. In den USA ist der Streifen von „Code Red" auf Blu-ray erschienen und erstrahlt in neuem Glanz mit satten Ton und einem würdigen Ergebnis einer Neuabtastung – natürlich ungeschnitten.

Vergessen war gestern, wir sprechen darüber!

PSYCHO COP 2

666

A Bachelor Party You'll Never Forget!

Officer Joe Vickers (Robert R. Shafer), erlangte traurige Berühmtheit durch grausames Morden. Er ist Polizist, Richter und die Jury in einem, so fällt er selbst das Todesurteil über seine Opfer. Nach seinem Scheintod kehrt er jetzt zurück, noch grausamer und blutrünstiger als er es zuvor schon war. Diesmal verwandelt er eine Junggesellenabschieds-Party in ein schreckliches Blutbad...

Polizist, Richter und Vollstrecker in einer Person. Was zusehends an DREDD mit Sylvester Stallone erinnert, ist aber in diesem Fall Bestandteil der Story von PSYCHO COP 2. Angelehnt an den Erfolg von „Maniac Cop" von 1988 wurde der PSYCHO COP ins Leben gerufen, wie seinem erfolgreichen Vorreiter bekam auch der PSYCHO COP eine Fortsetzung spendiert. 1993 drehte Regisseur Adam Rifkin den Slasher mit Robert R. Shafer als Officer Joe Vickers. PSYCHO COP ist im Horror Genre beheimatet und nimmt sich dem Sub Genre des Slashers an. In diesem Sub Genre ist es sehr schwer Fuß zu fassen, aufgrund vieler sehr erfolgreicher Filmreihen.

PSYCHO COP 2 bedient sich wie andere Vertreter ordentlich in der Klischee Kiste, sei es das Menschen die sich sexuell miteinander vergnügen, nach und nach dezimiert werden oder auch das die Überlebenden eingeschlossen sind, und ihre Fluchtwege versperrt sind und sie einer Konfrontation mit dem Killer unausweichlich gegenüber stehen. Doch kann alt bekanntes funktionieren und die Zuschauer begeistern? Der vorrangegange Teil der PSYCHO COP Reihe konnte sich in den damaligen Videotheken gut durchsetzen und machte vor allem durch sein Cover auf sich aufmerksam. Vor allem machte man es sich zu nutzen das „Maniac Cop" in den Videotheken ein voller Erfolg war.

Das Tempo von PSYCHO COP 2 ist recht flott inszeniert und spielt sich hauptsächlich in einem Hochhaus einer amerikanischen Firma ab. Viele lange Gänge, viele Büros und vor allem Fahrstühle tragen zur Ausweglosigkeit der Opfer und der aufbauenden Spannung ordentlich bei. Auf die Vorgeschichte von Joe Vickers wird gänzlich verzichtet und Zuschauer die den ersten Teil nicht gesehen haben, werden nur schwer verstehen, was Joe Vickers dazu bewegt unschuldige Menschen zu quälen und zu töten.

PSYCHO COP 2 ist somit nur ein durschnittlicher Slasher, der sich nahtlos an den mäßigen Erfolg des Vorgängers anreiht. Zudem ließen es sich die Produzenten und der Regisseur nicht nehmen, den Zusatz von viel nackter Haut in den Plot zu integrieren. Da nutzte man vor allem die erotischen Reize von Julia Strain, die hier eine Partymaus spielt, die sich auf einer geheimen Junggesellenabschiedsparty mit ein paar Angestellten vergnügt. Julia Strain kennt man auch an der Seite von Steven Seagal in „Deadly Revenge", oder in Christian Slater's Film „Kuffs – Ein Kerl zum schießen" oder auch in „Beverly Hills Cop 3" mit Eddie Murphy.

von Stefan

Auch versuchte man eine Portion Humor in den Plot einzubauen, doch die Witze, Sprüche und Kommentare vieler Beteiligten, vor allem die der Rolle von Joe Vickers sind sehr flach und zünden rein gar nicht. So kann man dem PSYCHO COP 2 dem Zusatz „Party-Slasher" zuordnen, doch leider ohne Wirkung.

In der Rolle des Officers Joe Vickers ist erneut wie im Vorgänger Robert R. Shafer zu sehen, ein kleiner Erfolgspunkt im Bereich der Fortsetzungen. Shafer mimt den verrückten und vom Satan angetriebenden Mörder sehr authentisch und beängstigend. Die übrigen Darsteller liefern zufrieden stellende Leistungen ab und fügen sich gut in die Story ein.

Doch anstatt sich nur dem negativen des Films oder dem Durchschnitt zu bemängeln, kann man dem Slasher auch gutes zusprechen. Vor allem die Morde und Tötungsszenarien sind ansprechend und der etwas härteren Gangart. Dies aber auch nur wenn man im Besitz des Presse Tapes ist, denn in der Verleihversion wurden viele der Szenen zurecht gestutzt und bzw. entfernt. Abwechslung und Härtegrad sind sehr hoch und können sich somit gegenüber Teil 1 hervorheben. Unterstützt werden solche Szenen durch Einzeiler und kleinen Reimen die Joe Vickers zum Besten gibt.

PSYCHO COP 1 ist bereits hierzulande auf DVD erschienen, doch die Fortsetzung ist nur auf VHS von VMP erhältlich, ist seit 1994 Indiziert und die FSK 18 Fassung ist noch um insgesamt 3 Minuten geschnitten.

Vergessen war gestern, wir sprechen darüber!

DYANNE THORNE AS ILSA
SHE WOLF OF THE SS

ILSA

An Aetas FILM production
DYANNE THORN as Ilsa
Gregory Knoph Tony Mumolo Maria Marx Nicolle Riddell
Jo Jo Deville Sandy Richman C.D. Lafleuer Barbra Keeler
Wolfgang Roehm Lance Marshall
Directed by DON EDMONDS Written by JONAH ROYSTAN
Director of photography GLEN ROWLAND Edited by Kurt Schnit
Produced by HERMAN TRAEGER

Ilsa ist eine sadistische KZ-Aufseherin aus dem braunen Lehrbuch. Weibliche Gefangene dienen tagsüber als Studienobjekt und Versuchskaninchen für Ilsas Theorie, dass Frauen mehr Schmerzen aushalten als Männer, diese wiederum müssen nachts ihren unstillbaren Liebeshunger befriedigen, und da das bislang niemand vermochte, werden sie anschließend der Reihe nach kastriert. Bis Wolfe, ein amerikanischer Gefangener und selbsternannte Sexmaschine, sie hörig macht...

Wenn man sich in die Untiefen des Exploitationkinos der 70er Jahre begiebt, stößt man auf diverse Dinge, bei denen man glaubt, dass dies nur ein schlechter Scherz sein könnte. So ging es mir als ich auf das Naziploitation-Genre aufmerksam wurde. In der NS-Zeit angesiedelte Filme, die mit Nazis, Gore, Sex- und Folterszenen nicht geizen.

Die Sperrspitze dieser cinematographischen Ergüsse ist sicherlich dieser Film. Wir sehen die eher unbekannte Dyanne Thorne als Ilsa, Herscherrin und Schrecken des „Medical Camp 9", die mit Brutalität und Sadismus ihre Gefangenen unterjocht und versucht mit Folter Frauen zur eiserner Härte zu formen, um zu zeigen dass das weibliche Geschlecht sich nicht hinter Männern verstecken muss.

Wenn man vom femenistischen Aspekt absieht, bietet dieser Film alles was dieses Genre definiert: Sex, Gore und Unmenschlichkeit! Sleaze Deluxe so zu sagen.

In nur 9 Tagen am Set von „Hogan's Heroes" gedreht, liefert Regisseur Don Edmonds die Grindhouse-Bombe schlechthin, Lesben-Sex inklusive. Prunkstück ist aber sicherlich Thorne's Schauspielkunst. Ihr Over-Acting ist, in der Originalfassung, so unglaublich unterhaltsam, dass man mal kurz die Grausamkeiten und den Appell an die niedersten Instinkte der Menschheit vergisst und sich köstlich amüsieren kann. Nichts desto trotz bleibt es ein sehr fragwürdiger Film, der sich darauf versteift, den Zuschauer zu schocken, inklusive Natur-Sekt-Szene, und die Schmerzgrenen auszuloten, was 1974 anscheinend gut geklappt hat. Ob man den Film rechtfertigen kann, in dem man das mit dem Terror der Nazis vergleicht, sei dahin gestellt. Für alle anderen gibt es hier einen harten Exploitation-Reißen, wirklich ganz jenseits jeglichen Geschmacks.

von Christopher

Vergessen war gestern, wir sprechen darüber!

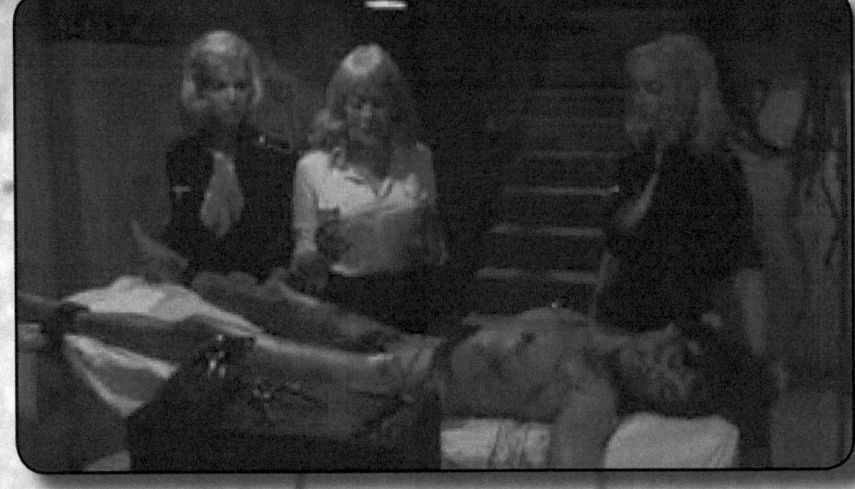

Dyanne Thorne brillierte danach noch drei weitere Male als Ilsa. „Ilsa -Haremswächterin des Ölscheichs", „Ilsa – Die Tigerin" und „Ilsa – The Wicked Warden", welcher eigentlich kein richtiger Ilsa-Film ist aber ich zähle ihn dazu, zeigen die Hauptfigur in weiteren Sujets.
Thorne schauspielert mittlerweile nicht mehr und arbeitet als PRIESTERIN!!! in ihrer eigenen Kappelle in Las Vegas, WTF?!
2007 lieferte Rob Zombie mit seinem Fake-Trailer „Werwolf Women of the SS" innerhalb des „Grindhouse Double Features" von Robert Rodriguez und Quentin Tarantino eine Hommage/Parodie zu diesem Film.

„Ilsa – She Wolf of the SS" wurde in Deutschland nie offiziell veröffentlicht, ist aber inklusive Synchro in Österreich von XT Video zu bekommen, meist in einer Box mit „Haremswächterin" und „Tigerin".

Vergessen war gestern, wir sprechen darüber!

Sonny Landham – der rechtsüchtige Indianer

von Till

Sonny Landham – Geboren am 11.02.1941 in Canton, Georgia, USA

William M. „Sonny" Landham ist eine durchaus beeindruckende Erscheinung und ein kontroverser Mann. Auch seine Biografie ist sehr bewegend, wie ich finde.

Landham ist der Nachfahre von Cherokee und Seminole Indianer. Nach der Schule, zu der er keine Lust hatte, ging er drei Jahre zur US-Armee und wurde dort unehrenhaft entlassen. Danach war er in den 70ern zunächst ein kleiner Star in der Pornografiebranche und drehte einige Filme im Erwachsenenbereich (z. Bsp. „Die privaten Nachmittage der Pamela Mann"). Dank seiner Physis und seiner Stimme war es Regisseur Walter Hill, der ihn 1979 seine erste große Rolle in den Film „The Warriors" anbot. Für Hill drehte Landham auch später die Filme „Die letzten Amerikaner" und „Nur 48 Stunden". In den 80ern war er in so einigen guten Actionfilmen zu sehen. Wie z.Bsp. „Action Jackson", „Feuerwalze", „Das dreckige Dutzend Teil 2", „Lock Up" oder den Horrorfilm „Poltergeist". Seine Paraderolle hatte er als Billy im SF/Horrorkracher „Predator". Hier heuerten die Produzenten Bodyguards für ihn an. Nicht um ihn zu schützen, sondern die Crew und der weitere Cast vor ihm. Auch in zahlreichen TV-Serien war er zu sehen wie z. Bsp. in „The A-Team", „Hardcastle & McCormick" oder „Ein Colt für alle Fälle".

Er schloss sich der republikanischen Partei an und kandidierte für diese im Jahre 2003 für das Amt des Governors für Kentucky. Er wollte es einen „Predator"-Kollegen Jesse Ventura und Arnold Schwarzenegger gleich tun die dieses ja geworden sind. Aber er zog seine Kandidatur später zurück, da sein Wahlkampfteam letzen Endes sagte, dass er mit seiner ganzen Planung gut 6 Monate zurückhing. Landham versuchte es aber immer wieder. 2004 wollte er in den Senat des Staates Kentucky. Ohne Erfolg. 2008 wollte er dann in den US-Senat als Kandidat der Liberatarian Party. Als er allerdings am gleichen Tag seiner Kandidatur zum Genozid an Araber aufrief und sie in der Radioshow „The weekly Fillibuster" als" Kamelscheißeschipper, Lappenköpfe und Kameljockeys" bezeichnete, war die Kandidatur auch gegessen. Die Partei nahm daraufhin seine Kandidatur zurück und schloss ihn aus der Partei aus.

Landham, der auch gerne mal lokale TV-Sender verklagte, die Ausschnitte aus seinen Filmen mit ihm zeigen ohne ihn zu bezahlen, ist privat und politisch ein sehr streitbarer Mann.

Filmtechnisch allerdings hat er uns so einige wahre Schätze abgeliefert und ich bin froh ihn getroffen zu haben und wunderbare Fotos plus Gespräche gehabt zu haben.

Vergessen war gestern, wir sprechen darüber!

Daß sie das Liebchen eines ausgemachten Gangsters ist, merkt Carol „Jeff" Jeffries leider erst, als ihr Freund Rudy ihr vor einer Razzia eine Ladung Rauschgift untergeschoben hat, damit er blütenrein dasteht. Da sie sich auf den Philippinen befinden, bekommt Carol zehn Jahre Zuchthaus aufgebrummt und der Name „Hell Prison" bürgt nicht gerade für einen angenehmen Aufenthalt.

von Christopher

In den 70ern war das WIP (Women In Prison)-Genre bei windigen B-Produzenten äußerst beliebt. Man stecke heiße Chicks in ein dreckiges Gefängnis, gibt ein paar sadstische und lesbische Wärterinnen hinzu und garniert das ganze mit Folter-, Sex und Kampfszenen und lässt zum Schluss die Chicks mit viel Krachwumm ausbrechen. Fertig ist ein klassischer Exploitationfilm für die Drive-In- und Bahnhoskinos dieser Welt. Auch Kult-Trash-Maestro Roger Corman zeigte sich begeistert von diesen Elementen und produzierte einige Knastreißer, vorzugsweise auf den Phillipinen. Hier spielt auch unser vorliegender Film. Er bietet alle typischen Elemente und ist mit 78 Minuten Laufzeit ziemlich kurzweilig. Regisseur Gerardo De Leon war einer der bekanntesten Regisseure des philippinischen Exploitationkinos und inszenierte hier seine letzte amerikanische Ko-Produktion. Diverse schöne Kameraspielereien und Farbgebungen lassen dieses B-Picture teilweise kunstvoll wirken aber nichts desto trotz bleibt es ein verdammt unterhaltsames Filmchen, bestehend aus zwielichtigen Männerfantasien, welches aber zu den ersten Produktionen gehörte, in denen starke Frauen die Oberhand hatten.

Vergessen war gestern, wir sprechen darüber!

Vergessen war gestern, wir sprechen darüber!

Hier in einer ihrer ersten Rollen zu sehen: Pam Grier. Die vollbusige Schauspielerin, die später als „Coffy" zum Blaxploitationstar wurde und als Quentin Tarantinos „Jackie Brown" einen späten Karriereschub bekam, ist hier als sadistische Wärterin zu sehen, die es unseren Heldinnen ziemlich schwer macht.

Der Film ist ungekürzt auf DVD von Subkultur Entertainment zu ewerben, meist in großer Hartbox!

„I'm a huge, huge fan of Gerry de Leon.... the film is just harsh, harsh, harsh."
-Quentin Tarantino

Vergessen war gestern, wir sprechen darüber!

Wir schreiben das Jahr 40000, und Geheimagentin Barbarella steht vor ihrem schwierigsten Auftrag: Sie soll den kriminellen Wissenschaftler Durand Durand daran hindern, für die gefürchtete Schwarze Königin eine vernichtende Geheimwaffe zu entwickeln. Auf der Suche nach Durand gerät Barbarella in allerhand erotische Abenteuer, muß des öfteren um ihr Leben fürchten und steht schließlich der Schwarzen Königin persönlich zum Duell gegenüber.

von Christopher

„Barbarella", WHAT THE FUCK!? Zum ersten Mal hörte ich von dem Film, als Robert Rodriguez („Desperado", „Sin City") ankündigte ein Remake inszenieren zu wollen. Nun einige Jahre später, das Projekt ist derweil nicht mehr existent, komme ich in den Genuss, die Comic-Verfilmung aus dem Jahre 1968 zu erleben. Was als abgefahrener Euro-Trash mit Anflügen von Sexploitation beginnt, entpuppt sich zu meiner Überraschung als durchaus wichtiges, filmisches Werk seiner Zeit, welches einen, zur damaligen Zeit, neuen Zeitgeist interpretiert und mehr ist als eine bloße Männerfantasie.

Ich kenne die Vorlage zwar nicht, aber ich glaube durchaus, dass der Film sich eng an die Vorlage hält. Die kompletten 98 Minuten fühlen sich an wie ein Comic-Strip, der auf Zelluloid gebannt wurde. Vordergründig sieht man abgefahrenen Trash, was eben nur Vordergründig ist. Klar, die Sets und Kulissen sind billig und albern, die Kostüme sind noch alberner und die Dialoge laden zum lauten Lachen ein. Aber der Film versprüht zudem durch die Bank eine wahnsinnige Leichtigkeit, ja es sind sogar selbstparodistische Elemente vorhanden. Viele Momente glänzen Ironie und zelebrieren bewusst den Faktor Spaß. Aber das ist nicht der Hauptpunkt des Films, denn er fängt zudem eine Gesinnung, einer ganz neuen Generation ein. Die 68er Bewegung ist geprägt von einem neuen Lebensgefühl, von Liebe, Frieden und Harmonie. Die Zeit der Hippies und des Kreuzzugs gegen das biedere System, die Konsumgesellschaft, sprich das Establishment. „Barbarella" bündelt genau dieses Gefühl, diese Bewegung in sich und lässt es mit Vollgas auf den Zuschauer los. Unsere Helden kämpft für Frieden und Liebe im Auftrag der Erde und rutscht somit von Abenteuer zu Abenteuer. Auch die Sex-Anflüge sind ein klarer Punch gegen die biedere Gesellschaft der 60er Jahre. „Barbarella" lernt dass körperlichen Sex viel intimer und befreiender ist als die „Verzückungsübertragung", was ein Seitenhieb gegen die zugeknöpften Spießer der alten Generation ist. Love, Peace & Harmony sind die zentralen Kernpunkte dieser abgefahrenen Space-Odysee.

Vergessen war gestern, wir sprechen darüber!

Jane Fonda verkörpert mit Bravour die Hauptfigur und versprüht sowohl Humor, Heldentum, Intelligenz als auch Erotik. Ihre Rolle war wohl der Anstoß, der aufkommenden Sex-Welle und eine der ersten weiblichen Heldinnen, die sich selbstbewusst und zudem auch aufreizend präsentierten. Es ist eine Freude ihr dabei zuzusehen. John Phillip Law hingegen hat ebenfalls eine skurrile Rolle als Vogelmensch, was mich aber weniger gejuckt hat. Ich kenne ihn aus „Danger: Diabolik" oder „Death rides a Horse", in welchen er ähnlich blass ist, so habe ich das auch hier empfunden. Der Rest des Casts spielt wahnsinnig over the top und untermalt dieses, ja fast schon Kunstwerk. Fondas damaliger Ehemann Roger Vadim inszeniert das ganze bunt, grotesk und voller verrückter Ideen und stilisiert das Ganze als flotte, mit Beat-Musik untermalte Pulp-Granate der besonderen Art. Die eben erwähnte Beat-Musik unterstreicht noch gekonnt den 68er Aspekt und fügt sich wunderbar mit den Bildern zusammen und erschafft somit das ultimative 60`s Feeling.

„Barbarella" ist wahnsinnig unterhaltsamer 60er-Sci-Fi-Trash. Billig, verspielt, abgefahren und teilweise völlig gaga. Wer aber über den „Pulp Fiction-Aspekt", dieser Comic-Verfilmung hinausblickt erkennt ein Plädoyer für ein neues Lebensgefühl. Weg von Vorschriften und Spießigkeit, hinzu Freiheit, Liebe und Selbstbestimmung. Das alles verpackt in 98 Minuten selbstironischen Spaß. Dass ein Film wie dieser, mir solch eine Message unterbreiten kann hane ich nie geglaubt. Ich wurde eines besseren belehrt!

PS: Der Film ist ungekürzt ab 16 Jahren auf DVD und Blu-Ray erhältlich.

Vergessen war gestern, wir sprechen darüber!

MICHELLE BAUER – VOM PORNO ZUM HORROR

von Stefan

Den Titel „Legendäre Scream Queen" erhielten nicht viele weibliche Schauspielerinnen. Doch Michelle Bauer zählt zu Ihnen. Am 1. Oktober 1958 in Montebello, einem Stadtteil von Kaliforniern geboren. Im Jahr 1981 startete sie ihre Filmkarriere wie einige andere weibliche Kollegen im Hardcore Geschäft. Der bekannteste dürfte wahrscheinlich „Cafe Flesh" von 1982 sein, sie drehte insgesamt 3 solcher Streifen bevor sie als B-Movie-Schauspielerin Rollenangebote bekam. Sie beteuert noch heute, das sie für Hardcore Szenen ein Double hatte, und nur leichte Erotikszenen selbst gespielt habe, und lediglich einige Covers als Lockmittel zierte. Sie war auch 1981 auf dem Cover des umstrittenen und zugleich beliebten „Penthouse" Magazin, mit einer Rückenasicht ihres Körpers zu sehen.

Nach dem Erfolg mit dem Ablichten im „Penthouse" kamen die Rollenangebote für B-Movies ins Haus. Wie beispielsweise „Das Geheimnis des Grabmals am Nil" aus dem Jahr 1986 von Fred Olen Ray. Aber auch Auftritte mit anderen Scream Queens sind in ihrer Laufbahn vorzufinden.

Zumeist erhielt sie aber nur Angebote von Statisten Rollen mit wenig bis gar kein Text. Unter anderem spielte sie in „Die Vergelter" von 1986 mit David Carradine und Lee van Cleef mit als Tänzerin, oder nochmals mit David Carradine in „Evil Toons" und nicht zu vergessen in „Mit Motorsägen spaßt man nicht" auch als „Hollywood Chainsaw Massacre" bekannt von 1988 als Mercedes.

Ihren Nachnamen „Bauer" erhielt sie durch ihren Mann aus erster Ehe. Nach der Scheidung führte ein Prozess dazu, das sie den Namen „Bauer" nicht mehr verwenden durfte. Daher ist sie im Film „Hollywood Chainsaw Hookers" auch als Michelle McClellen aufgeführt. Doch die Filmwelt und die Presse tat sich schwer mit dem neuen Namen und weitere Filmangebote blieben aus. Ihr erster Ehemann akzeptierte ihren Wunsch nach dem Namen „Bauer" und genehmigte es im nachhinein.

Michelle Bauer ist immer noch aktiv im Filmgeschäft. Zumeist in B-C Movies aus dem Horror Genre. Wer sich noch mehr für Scream Queens interessiert, den rate ich zur amerikanischen Dokumentation „Screaming in High Heels: The Rise & Fall of the Scream Queen Era", die hierzulande noch nicht erschienen ist.

Immobilienmakler Steve Freeling zieht mit Gattin Diane und den Kindern Robbie, Dana und Carol Anne ins schmucke Vororthaus der Neubausiedlung Casa Verde. Die Freude weicht dem Entsetzen, als es zu spuken beginnt und Carol Anne Botschaften aus dem Fernseher empfängt. Ein Medium kann nur wenig helfen. Das Haus steht auf einem Friedhof, ist Tor zur Geisterwelt. Als Carol Anne ins Jenseits gezogen wird, holt Ma sie mit einem langen Seil zurück. Die Toten rächen sich und entfesseln einen Sturm von Katastrophen, denen die Familie knapp entkommt.

von Till

Tobe Hooper und Steven Spielberg. Was eine interessante Mischung. Und was für ein Film. Hooper, der mit „Texas Chainsaw Massacre" einen der Klassiker im neuen Horrorfilm schuf (der im Übrigen sehr viel weniger blutig ist wie vielerorts angenommen) und der Blockbusterkönig der 70er und 80er Jahre Spielberg. Eine Mischung, die zunächst ungewöhnlich wirkt, aber letzen Endes sich als sehr effektiv herausstellte. Die Frage die seit Jahren besteht ist: Wer hat den größten Anteil an den Film? Immer wieder wurde Spielberg als eigentlicher Regisseur genannt, obwohl Hooper feststand. Hatte sich Spielberg zu sehr eingemischt? Hat er tatsächlich einen Großteil der Szenen gedreht?

Vieles deutet darauf hin. Der ganze Film wirkt tatsächlich eher nach Spielbergs Handschrift als von Hooper. Allein die eigentliche Personenkonstellation (eine Familie muss sich gegen das Unbekannte wehren) ist typisch Spielberg. Die Inszenierung spricht auch eher für Spielberg als für Hooper. Während bei Hooper das dunkle, unterschwellig brutale (und auch sexuelle), was irgendwann explodiert im Vordergrund steht (als Beispiel sei hier „Lifeforce" oder eben „TCM" erwähnt), so sind hier nur einige Szenen wirklich im Sinne von Hoopers Inszenierung (hier z.B. die Szene in der die Mutter in den ausgehobenen Swimming Pool bei nacht und Regen fällt).

Vergessen war gestern, wir sprechen darüber!

Auch die Anschuldigungen von Hooper, dass er übergangen wurde und eine einseitige Anzeige Spielbergs in Variety als Dank an Hooper gedacht, dass er am „kreativen" Prozeß des Films teilnehmen durfte lassen diese Vermutung zu. Spielberg drehte zur selben Zeit „E.T." und laut Gewerkschaftsregeln damals darf man nicht zwei Filme gleichzeitig drehen. Hatte er es getan? War Hooper nur ein Alibi? Ein Werkzeug um mit einem Namen Werbung zu machen? Wir können es nicht wissen. Wir können auch nicht wissen, wie das Endprodukt aussehen würde, hätte man Hooper mehr freie Hand gelassen (denn das er eingeschränkt wurde ist deutlich erkennbar).

Vergessen war gestern, wir sprechen darüber!

Aber im Grunde ist das auch fast egal, denn dieser Film schockt und beängstigt noch heute! 1982 gedreht ist er bis heute das Maß aller Dinge im Gruselgenre (dazu zählen noch einige weitere, aber der hier eben auch). Jeder heutige Film, sei es „Paranormal Activitiy" oder „Insidious", „Mama" oder „Don´t be afraid of the Dark", müssen sich mit diesem Film Vergleiche gefallen lassen. Dieser Film ebnete einem altem Genre neue Wege. Der Hausgeistfilm ist hier am Beginn und an seinem Höhepunkt angelangt. Eine unheimliche Atmopshäre, geschaffen durch den geschickten Einsatz von Licht, Kamera, gezielt eingesetzten Schockeffekten und einer dunkeln Musik von Jerry Goldsmith (obwohl er hier auch viele heiter klingende Musikstücke bietet, da es ja im Grunde ein Familienfilm ist), aber auch die Darstellerriege lassen eine Stimmung aufkommen, die man durchaus als unheilvoll-düster bezeichnen kann.

Die Tricks sind sehr gut gelungen, auch wenn vieles heute als erscheint. Aber sie sind treffsicher gesetzt und ohne Zweifel erhaben (wer immer mir den Tricks erklären kann, wie die innerhalb von zwei Sekunden die Stühle den Tisch in der Küche gestapelt haben, das alles ohne Schnitt, den gebe ich einen aus).

Ein perfekter Grusler, der trotz seiner 34 Jahre nach wie vor zu schocken weiß.

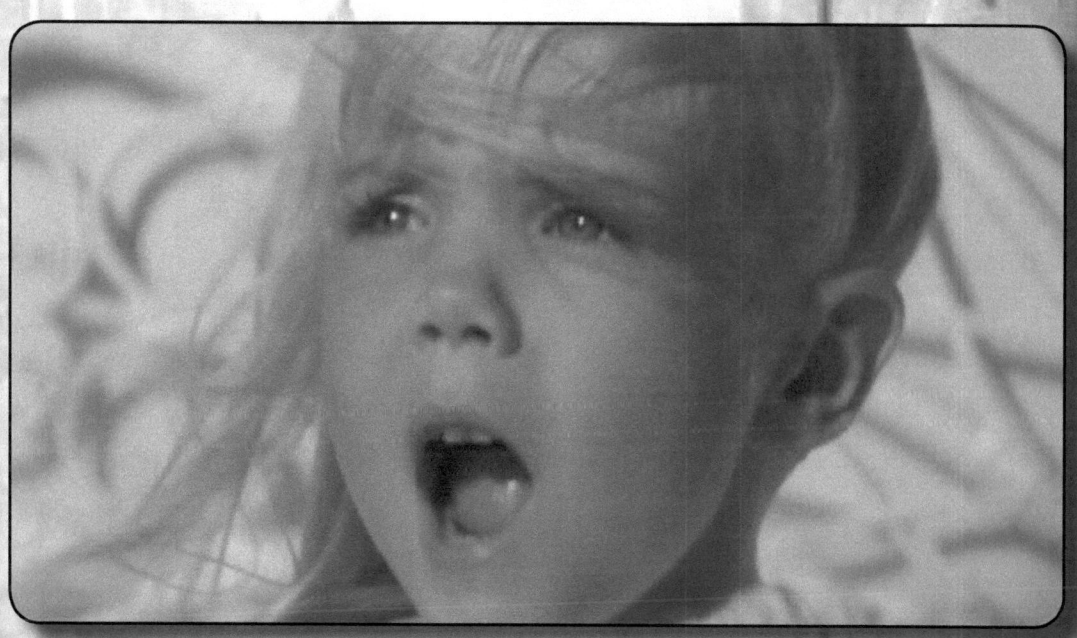

Vergessen war gestern, wir sprechen darüber!

KNOCHENBRECHER UND KANONEN

SYLVIA CHANG   CARL MAK   SAMUEL HUL

MAD MISSION

FSK ab 16 freigegeben

King Kong ist ein gerissener Dieb und hat einen wertvollen Diamanten geraubt. Leider kann die Polizei nicht viel ausrichten und man bestellt aus Amerika einen Meisterdetektiv. Albert Au, wegen seiner Glatze auch Kodijack genannt, übernimmt den Fall und ist Garant für wilde Verfolgungsjagden, turbulente Action und alles was ein Eastern-Herz begehrt.

Das ein Agentenfilm nicht immer bitter ernst sein muss, beweist MAD MISSION von 1982. Der Originaltitel lautet: Zeoi Gaai Paak Dong. Doch International wurde der Film unter dem Titel: „Aces Go Places" vertrieben.

MAD MISSION ist Unterhaltung pur. Viele irrwitzigen Einfälle, angelehnt an James Bond Motiven und dem HongKong-Humor und vor allem vielen verrückten Stunts, egal ob zu Fuß, mit dem Fahrrad, Auto, Motorrad, Boot und was es sonst noch alles an Fortbewegungsmittel gibt.

Doch MAD MISSION beinhaltet noch viel mehr Anspielungen als nur an dem britischen Geheimagenten mit der Lizenz zum Töten. Da tauchen noch kleine Anreize wie MAD MAX, KING KONG oder auch der amerikanischen TV Serie „Kojak" mit Telly Savales.

An Mad Max ist vor allem das Outfit von Hauptdarsteller Sam Huiangelehnt. Schwarze, eng anliegende Motorradkleidung. Sein Spitzname im Film KING KONG ist selbsterklärend. Und weil Filmpartner Karl Maka die selbe Frisur wie Kojak trägt, bekam er den Namen KODIJAK verpasst. Doch wer genau im Film hinschaut, wird noch viel mehr Anspielungen entdecken.

Flotte Story, tolle Actionszenen bzw. Stunts, typischer HK-Humor!
Schon zu Beginn des Films bekommt man eine spannende und temporeiche Szene geboten. Somit bekommt der Zuschauer einen kleinen Vorgeschmack was ihm noch im späteren Verlauf alles erwartet. Und das ist eine Menge. Das fängt schon zu Beginn mit einem halsbrecherischen Stunt zwischen zwei Wolkenkratzer an. In bester James Bond Manier verschafft sich Sam Zugang zu einem geheimen Übergabetreffen. Doch die Überraschten Personen wollen Sam nicht einfach so mit dem Geld und den Diamanten entkommen lassen. Da kommen schon mal diverse Kampfszenen ans Licht. Sie ähneln sich was dem Humor angeht, sehr an Jackie Chan. Gut choreographierte Fights mit witzigen Einlagen.

Kaum sind die Widersacher etwas benebelt, schwingt sich Sam auf ein Motorrad was sich in einer Abstellkammer befindet und von seinem Technikerfreund zusammengeschraubt wird. Doch mehr schlecht als recht. Erst hat Sam den Lenker in der Hand, dann fällt der Starterhebel einfach ab.

Nachdem der Zuschauer sich sehr über diese Szene amüsiert hat, dreht MAD MISSION noch mehr auf. Eine wilde Verfolgungsjagd auf dem Motorrad durch ein Einkaufszentrum beginnt. Natürlich lässt es sich unser Held nicht nehmen, nochmal eben im Fahrstuhl mit einer Frau eine Verabredung zu treffen für den nächsten Abend.

von Stefan

Vergessen war gestern, wir sprechen darüber!

KING KONG und KODIJACK – Buddy Movie der anderen Art.
Für die Regie von MAD MISSION war Eric Tsang verantwortlich. Tsang drehte auch 1986 mit Jackie Chan " Der Rechte Arm der Götter". Nur ein Jahr nach MAD MISSION drehte er aufgrund des internationalen Erfolges, auch die Fortsetzung MAD MISSION 2.

Was viele nicht wissen das Hauptdarsteller Sam Hui auch den Titelsong zum Film selbst komponiert hat. Wer den Film und die Reihe bereits kennt, dem wird sicherlich die einprägsame Melodie wieder ins Gedächtnis rücken. Karl Maka und Sylvia Chang, die seine Partnerin Superintendent Nancy Ho Tung Sze mimt, sind beide noch immer im Filmgeschäft tätig. Chang spielt vor allem viel am Theater und nahm auch schon des öfteren auf dem Regiestuhl Platz und machte es Maka nach.

MAD MISSION ist temporeich, schnelle Schnitte, viele Stunts. Zwar beinhaltet der Film eine teils wirre und lose Story, doch in erster Linie soll hier die Action und das drum herum zur Geltung kommen. Die Story dient nur als Grundgerüst um die vielen Szenen mit allen erdenklichen Dingen, Gegenständen, Fortbewegungsmitteln aneinander zu reihen. Hier ist ACTION das Programm. Dazu noch zahlreiche gut choreographierte Fights, gerne auch mal mit mehreren Gegnern.

Knapp 90minütigen Marathon frei von Atempausen und ohne jeglichen Leerlauf

Natürlich darf der Humor auch nicht zu kurz kommen. Das fängt schon mit den kleinen Streitereien zwischen Kodijack und Ho Tung an. Sie hat eindeutig die Hosen an, und lässt sich nur schwer die Butter vom Brot nehmen. Für den hohen Unterhaltungsfaktor mit Humor und einem Hauch Slapstick ist vor allem die deutsche Synchronisation schuldig. Mit besten deutschen Kalauer, flotten Sprüchen meist aus Einzeilern wird man bestens verwöhnt.

Kleine Anmerkung für aufmerksame Zuschauer: im Film wird erwähnt das der weiße Handschuh in dem es im Film geht, einen zweiten Gegenspieler hatte: den rosaroten Panther. Kurz darauf wird ein Bild von Peter Sellers eingeblendet. Dies ist eine Huldigung für die Rolle von Sellers als Inspector Jacques Clouseau. IN MAD MISSION wird noch dazu erwähnt, das er nicht verfügbar sei, da er zwei Jahre vor MAD MISSION verstarb.

Doch MAD MISSION ereilte auch ein trauriges Schicksal. Um International Erfolg zu haben, wurde der Film getrimmt. Insgesamt 10 Minuten wurden aus dem Film entfernt. Es handelt sich um Actionszenen, Humorige Szenen sowie auch Handlungsszenen. Das könnte ein Grund sein, wieso an manchen Stellen im Film die Story sehr verwirrend rüber kommt.

Aufgrund des hohen internationalen Erfolges wurden insgesamt 4 weitere MAD MISSION Filme gedreht.

Vorschau Ausgabe 2

Und vieles mehr....

Vergessen war gestern, wir sprechen darüber!

Impressum:

Herausgeber:
Stefan Böse

Autoren:
Till Bamberg
Holger Borgstedt
Christopher Feldmann

Impressum:
© 2016
Herstellung und Verlag: BoD – Books on Demand, Norderstedt.
ISBN: 9783743143258

Bild-Quellen der Screenshots:

Wenn Du krepierst, lebe ich!	© Blu-ray Disc: OFDB Filmworks
The Toolbox Murder	© DVD: XT Video / NSM
Drive-In Killer	© DVD: Retrofilm
Larry Drake	© www.themoviedb.org
Stone	© Blu-ray Disc: WGF / Schröder Media
Bruce Payne	© www.themoviedb.org
Trapped	© Blu-ray Disc: Schröder Media
Ich - Ein Groupie	© DVD: Elite
White Ghost	© Video: Lightning
Psycho Cop 2	© Video: VMP
Ilsa: She Wolf of the SS	© Blu-ray Disc: Laser Paradise
Sonny Landham	© www.themoviedb.org
Woman in Cages	© DVD: Subkultur
Barbarella	© DVD: Paramount
Michelle Bauer	© www.themoviedb.org
Poltergeist	© Blu-ray Disc: Warner Home Video
Mad Mission	© DVD: Laser Paradise (Mad Mission Part 1-5)
Vorschau	© www.themoviedb.org

Informationsquellen:
www.retro-film.info
www.wikipedia.de
www.schnittberichte.com
www.ofdb.de
www.amazon.de

Vergessen war gestern, wir sprechen darüber!